PALAVRAS DO CORAÇÃO

*50 reflexões sobre ensinamentos
do Papa Francisco*

EDELVAN JOSÉ DOS SANTOS

PALAVRAS DO CORAÇÃO

50 reflexões sobre ensinamentos do Papa Francisco

Canção Nova
EDITORA

EDITORA
SANTUÁRIO

Direção editorial:	Pe. Fábio Evaristo R. Silva, C.Ss.R.
Conselho editorial:	Ferdinando Mancilio, C.Ss.R.
	Marlos Aurélio, C.Ss.R.
	Mauro Vilela, C.Ss.R.
	Ronaldo S. de Pádua, C.Ss.R.
	Victor Hugo Lapenta, C.Ss.R.
Coordenação editorial:	Ana Lúcia de Castro Leite
Copidesque:	Sofia Machado
Revisão:	Luana Galvão
Diagramação e capa:	Bruno Olivoto

**Dados Internacionais de Catalogação na Publicação (CIP)
(Câmara Brasileira do Livro, SP, Brasil)**

Santos, Edelvan José dos
   Palavras do coração: 50 reflexões sobre ensinamentos do papa Francisco/ Edelvan José dos Santos. – Aparecida, SP: Editora Santuário, 2018.

   ISBN 978-85-369-0562-4

   1. Ensinamentos 2. Francisco, Papa, 1936 – Mensagens 3. Palavra de Deus 4. Reflexões 5. Vida cristã I. Título.

18-21403   CDD-248.4

Índices para catálogo sistemático:

1. Ensinamentos: Francisco, Papa: Cristianismo 248.4
Cibele Maria Dias - Bibliotecária - CRB-8/9427

2ª impressão

Todos os direitos reservados à **EDITORA SANTUÁRIO** – 2019

Rua Pe. Claro Monteiro, 342 – 12570-000 – Aparecida-SP
Tel.: 12 3104-2000 – Televendas: 0800 - 16 00 04
www.editorasantuario.com.br
vendas@editorasantuario.com.br

Canção Nova
EDITORA
Rua João Paulo II, s/n - Alto da Bela Vista
Cachoeira Paulista-SP - Cep: 12630-000
Tel.: (55) (12) 3186-2600
E-mail: editora@cancaonova.com | loja.cancaonova.com
Twitter: @editoracn | Instagram: @editoracancaonova | Facebook: /@editoracancaonova

*Dedico este livro a Jorge Mario Bergoglio,
nosso amado Papa Francisco,
por seu carisma e sua coragem em assumir,
com mansidão, seu pontificado de amor.*

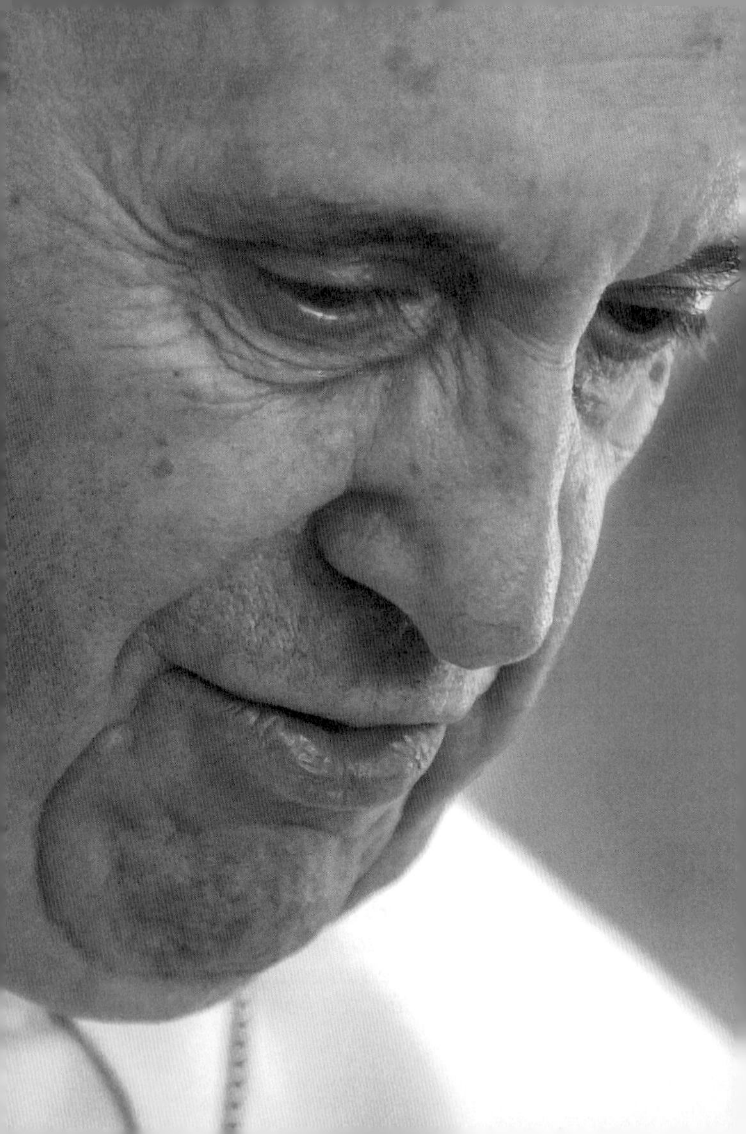

PREFÁCIO

Estimado(a) amigo(a),

Espero que você encontre, neste livro, uma fonte motivacional nas inesquecíveis mensagens de Jorge Mario Bergoglio, nosso querido Papa Francisco, que nos leva a querer sempre mais amar a Deus e ao próximo.

Impossível ficar indiferente aos pronunciamentos desse papa tão iluminado pelo Espírito Santo; mais difícil ainda seria não se emocionar a cada pensamento, repleto de ternura para com os filhos de Deus.

Proponho-lhe meditar, com tranquilidade, cada reflexão que escrevi; que sua meditação se encontre com a minha, elaborada cuidadosamente, a cada trecho, para o engrandecimento espiritual.

Seguindo os ensinamentos do Papa Francisco, vivamos mais unidos pela caridade e pelo respeito. Tenho certeza de que esse desejo brota, sem cessar, em nossos corações, pois professamos a fé verdadeira, fundamentada nos mandamentos que Jesus nos deixou.

Também peço a você que sempre coloque em suas orações a vida do nosso amado Francisco, para que ele continue propagando pelo mundo suas *Palavras do Coração*.

Enfim, desejo a você que sua caminhada seja enriquecida com as bênçãos de Deus e sua vida seja um instrumento da graça divina, semeando a paz e a esperança, como deseja nosso Deus-Amor.

Receba meu abraço fraterno e meu muito obrigado!

O autor

1

> *Não tenho ouro nem prata, mas trago o que de mais precioso me foi dado: Jesus Cristo!*

De que nos vale ter riquezas incalculáveis se não tivermos a paz interior? Com certeza, a ausência de Deus dentro do coração arruína todo o mundo pela ganância. Na vinda ao Brasil, Papa Francisco trouxe-nos essa sensata mensagem de fé e esperança. A Palavra de Deus muito nos acautela quanto à ambição desmedida. "Mais vale o bom nome do que grandes riquezas, e ser estimado é melhor que a prata e o ouro" *(Pr 22,1)*. Terrível quando alguém tenta trapacear seu semelhante, seja por dinheiro ou motivo qualquer; além de ficar mal falado, perde um valiosíssimo tesouro: a amizade. "Mais vale o pouco que tem o justo do que as riquezas de muitos ímpios" *(Sl 37,16)*, que se corrompem, mesmo tendo de passar sobre tudo e todos. E, "doce é o sono do trabalhador, quer coma pouco, quer muito; enquanto a saciedade do rico não o deixa dormir" *(Ecl 5,11)*.

Agraciados são aqueles, cujos pensamentos não os manipulam pelo acúmulo de bens materiais. Nesses corações Jesus faz morada, pois obtiveram a Paz que acalma a alma. Que usufruamos de nossos bens em favor dos necessitados, sedentos e famintos de compaixão. Eles nos esperam ansiosos por um pouco de carinho e pedaço de pão. Sejamos missionários de Cristo, e seremos enriquecidos com as bênçãos do Pai. Assim seja. Amém!

2

> *A cultura da solidariedade é ver no outro, não um concorrente ou um número, mas um irmão.*
> *E todos nós somos irmãos!*

Senhor, às vezes, eu percebo o quanto poderia ter amado meu irmão, o quanto faltou o companheirismo no dia a dia. Sei que tudo seria menos pesaroso se eu tivesse à disposição daquele que sofre, mas a ganância me fez cego. Por isso, ajudai-me a vencer o mal do individualismo, para que eu seja solidário com meus irmãos, pois, somente assim, viverei com fidelidade vosso projeto de amor. Amém!

> *Deus, ao nos julgar, ama-nos.*
> *Lembremo-nos: Deus julga amando-nos.*
> *Se acolho seu amor, estou salvo; se o*
> *recuso, estou condenado, não por ele,*
> *mas por mim mesmo, porque Deus não*
> *condena, ele unicamente ama e salva.*

Palavras *do coração* não passam, permanecem e adentram o profundo da alma. Percebemos, nessa mensagem, a extraordinária espiritualidade que o Papa Francisco possui: se recuso o amor divino, estou condenando a mim mesmo, pois somente Deus salva. Quando crescemos e começamos a distinguir o certo do errado, o bem do mal, o humano do profano, temos o livre-arbítrio para decidir a que deus queremos seguir. Nosso Pai tanto nos ama que nos oferece tudo – seu amor – para seguirmos felizes nossa jornada cristã. Infelizmente, somos ingratos a ponto de impedirmos sua ação salvífica em nós pelo Espírito Santo. Deixamos a discórdia, a luxúria, o egoísmo e tantos outros males agirem em nosso meio, escravizando-nos pelo pecado. Que aprendamos a corrigir nossas atitudes com os erros do passado, abrindo nosso coração ao Amor de Deus, que cura qualquer ferida e nos liberta de todo o mal. Amém!

> *[...] A fofoca, para mim, é uma das coisas mais feias nas comunidades cristãs.*
> *Sabiam que a fofoca é terrorismo? Sim, porque um fofoqueiro faz a mesma coisa que um terrorista: aproxima-se, fala com uma pessoa, joga a bomba da fofoca, destrói e vai embora.*

4

Certa vez, Papa Francisco mostrou seu lado humorado ao contar uma piada para alguns jovens, a qual trazia um evidente ensinamento: "Um cardeal simpático me contou que conheceu um sacerdote com um grande senso de humor. Este tinha na paróquia uma mulher muito fofoqueira, que falava de todos e de tudo e vivia tão perto da igreja que, da janela de seu quarto, podia ver o altar. A senhora ia à missa todos os dias e, depois, passava as outras horas do dia andando pela paróquia, falando dos outros. Um dia, ela ficou doente e ligou para o sacerdote para dizer:

'Padre, estou de cama com uma gripe muito forte. Por favor, você pode trazer a comunhão para mim?' O sacerdote respondeu: 'Não se preocupe. Com a língua grande que você tem, de sua janela, você consegue chegar ao tabernáculo'". Esse caso fictício ilustra o que acontece, com frequência, em nosso dia a dia. Hipócrita é aquele que fala mal dos outros, sem ter a coragem de olhar para os próprios erros. Mal percebemos o terrível pecado da fofoca. Quando falamos mal do irmão, aos poucos o matamos, ferimos a imagem de Deus refletida na alma dele. Será que damos valor às benfeitorias e às virtudes do outro? Será que estamos prontos a espalhar os atos de caridade, de bondade e compaixão praticados pelo semelhante? Reflitamos sobre isso e pensemos na pergunta feita por Jesus a cada um de nós: "Por que observar o cisco que está no olho de teu irmão, se não enxergas a trave que está em teu olho?" *(Mt 7,3)*. Muitas vezes, julgamos, lançamos a "bomba" da difamação, sem dó ou piedade. Ainda que sejam verdadeiros os boatos, não temos o direito de destruir o coração alheio. Pelo contrário, o cristão autêntico tem o dever de evitar os transtornos causados por comentários maliciosos; primeiro, deve-se colocar no lugar do outro, sentir o peso das palavras, a força que elas têm de desunir. Aquilo que leva um século para ser construído com palavras de amor, leva apenas um minuto para ser destruído com palavras de ódio e calúnia. Que pratiquemos mais os elogios sinceros ao outro, *enaltecendo sua bondade*, e aprendamos a repudiar as intrigas contrárias ao amor a Deus e ao próximo. Sejamos hoje e sempre promotores da paz!

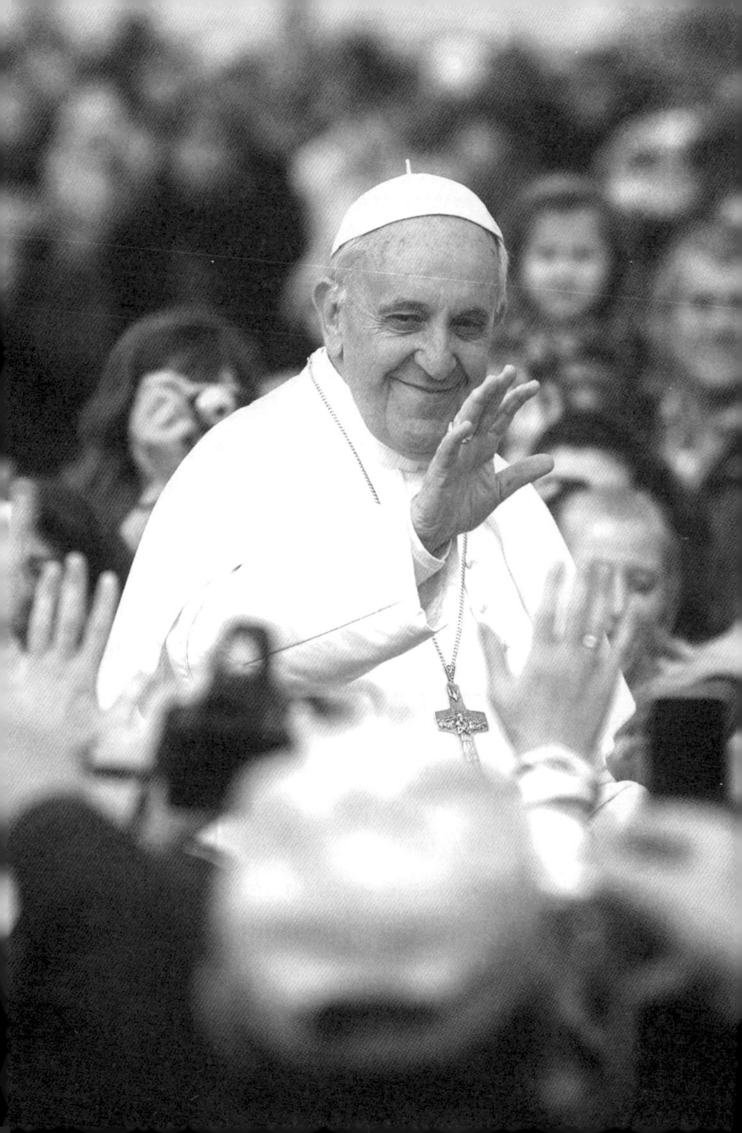

5

> *Na casa dos pobres,*
> *Deus encontra sempre lugar.*

"Meus filhos, como é difícil entrar no Reino de Deus! É mais fácil um camelo passar pelo fundo de uma agulha do que um rico entrar no Reino de Deus!" *(Mc 10,24-25)*. Esse pronunciamento de Jesus pode soar, para muitos, como duras palavras, mas tão infinita é sua misericórdia que à pergunta dos discípulos, temerosos que estavam, sobre quem poderia, então, salvar-se, Ele respondeu: "Para Deus tudo é possível!" *(Mc 10,27)*. Meditemos o pensamento do Papa Francisco: Deus tem encontrado lugar em nossa casa, em nosso coração? Durante o dia temos reservado um tempo para conversarmos com Ele? Temos praticado o que Deus Pai tem esperado de nós? Talvez tenhamos ficado entristecidos pela breve reflexão que agora fizemos, mas Deus sempre ama aquele que ama seu irmão. Quando lemos a passagem bíblica acima, porventura, imaginamos que Deus rejeita o rico e escolhe o pobre entre seus eleitos, mas a verdade é totalmente outra: Ele escolhe todos. Jesus quer nos alertar sobre as sementes malignas que o dinheiro – quando fruto da ganância – pode semear pelo caminho. O egoísmo, a soberba e a avareza destroem o coração humano, e, muitas vezes, é mais fácil encontrar pobres oferecendo ajuda do que ricos se solidarizando com a dor alheia. Nosso Mestre quer que sejamos pobres, mas pobres de espírito, sentindo nossas limitações ao nos depararmos sem a presença de Deus e dos irmãos. Enfim, o Pai espera que cada um desfrute de seus bens materiais em favor dos empobrecidos, jamais Ele quer que vivamos na miséria e passemos por necessidades. Ele quer a solidariedade habitando em nosso peito para fazer morada, pois é nesse coração que Deus sempre encontra lugar.

6

> *Bote amor, e sua existência será como uma casa construída sobre a rocha, o seu caminho será alegre, porque encontrará amigos que caminham com você.*

Tudo o que fazemos com amor é retribuído com muito mais amor! São sábias as palavras do Papa Francisco, animando nossa jornada e nos conduzindo ao Deus Amor. Nossa existência não pode passar em vão, temos de nos fortalecer na fé para sermos propulsores da esperança para aqueles que vivem no cansaço.

Temos encontrado mais ânimo, Senhor, quando depositamos nossa vida em vossas mãos, pois colocastes bons amigos que nos amparam; sentimos vossa presença no olhar deles. Obrigado, Pai, realizai em nós vossos planos de amor! Amém.

7

> *Em minha vida pessoal, vi muitas vezes o rosto misericordioso de Deus, sua paciência; vi também em muitas pessoas a coragem de entrar nas chagas de Jesus, dizendo-lhe: 'Senhor, aqui estou, aceita minha pobreza, esconde em tuas chagas o meu pecado, lava-o com teu sangue'. E sempre vi que Deus o fez: Deus acolheu, consolou, lavou e amou.*

Somos chamados à conversão a cada momento por Jesus Cristo, que quer lapidar nossa alma com seu preciosíssimo Sangue. Em suas chagas, encontramos a segurança de que não fomos deixados de lado, mas resgatados para uma Vida Nova. Antes de nos unirmos a Ele, devemos envolver-nos com a humildade, apresentando a Ele nosso pobre coração, pedindo ao Espírito Santo que nos dignifique com o Temor de Deus, dom que nos impede de aceitar que nosso Pai seja desprezado, além de evitar que o pecado nos afaste dele. Não por medo de ser castigado – claro, Deus nunca castiga o pecador –, mas pela cobrança da própria consciência que nos lembra que, ao nos afastarmos da Trindade Santa, nós mesmos estamos perdendo, espontaneamente, o Amor Maior. Papa Francisco reforça a promessa feita por Cristo: "Eis que estou convosco todos os dias, até o fim do mundo!" *(Mt 28,20)*, finalizando que sempre percebeu a ação divinal no meio do povo, porque Deus é o Pai acolhedor, consolador, que nos lava do pecado com seu perdão. Que nossas atitudes transgressoras sejam eliminadas, que sejamos convertidos pela misericórdia de Deus, pois Ele nos espera de braços abertos. Assim seja. Amém!

8

> *A salvação que Deus nos oferece é obra da sua misericórdia.*
> *Não há ação humana, por melhor que seja, que nos faça merecer tão grande dom.*

Que seria de nós se não houvesse a misericórdia divina? Que esperança teríamos de Vida Nova, se o Senhor se afastasse de nós? Nosso Deus misericordioso não nos esqueceu, libertou-nos da escravidão do pecado, abraçou-nos com a proteção de Pai. Sei que somos indignos e pequenos diante de sua majestade, mas sua salvação estendeu-se a todos nós, seus filhos; basta abrirmos nosso coração e acolhermos o verdadeiro Amor. Basta escutar seu chamado e responder: "Aqui estou! Faça de mim seu servo, Senhor!" Assim seja. Amém!

9

> **"**
> *Se estivermos verdadeiramente enamorados de Cristo e sentirmos quanto Ele nos ama, nosso coração se 'incendiará' de tal alegria que contagiará quem estiver ao nosso lado.*
> **"**

"O cristão não pode ser pessimista!", orientou-nos Papa Francisco, em sua visita ao Brasil. Quando fazemos um exame de consciência, percebemos o quanto damos relevância ao pessimismo. Muitos entraves são criados em nosso inconsciente, os quais não existem de fato e atrapalham, e muito, nossa caminhada. Desestimulam nossos projetos, atrasam nossa vida, privando-nos da felicidade. Deixamos, com facilidade, os pensamentos serem guiados pelas tristes notícias. Basta analisarmos a grande audiência de certos programas de TV – exploradores da violência – para entendermos nossa mentalidade. Esses programas são carregados de tragédias, escândalos, maldades, mostrando a face do mal e ocultando a face do Cristo. A revelação do Senhor não permite tristeza, pessimismo e luto. Amamos ao Deus-Filho, ressuscitado do mundo dos mortos, destruidor do pecado e transbordante de alegria. Sua presença real nos impacta de tal forma que jamais conseguiremos nos sentir tristes e fatigados. O verdadeiro amante de Jesus Cristo sempre se rejubila pelo dom da vida, encontra nos obstáculos a alegria da superação, não se corrompe com o mal anunciado, mas atreve-se a ajudar o próximo com sorriso sincero. Não vive de aparências, mas permanece alegre pela experiência pessoal com Cristo na oração e comunhão. Escutemos nosso amigo Francisco! Quando estivermos por completo apaixonados por Cristo, nossa alma irá inebriar-se com seu Espírito. A partir desse momento, nunca mais aceitaremos a mão do pecado, da tristeza e do ódio tocar nosso coração, porque nele não há mais espaço: minha Alegria – meu amado Jesus – nele vive e reina para sempre! Amém!

10

> *Jesus prefere sempre o pecador, para lhe perdoar, para o amar. Jesus está a tua espera para te abraçar, para te perdoar: Ele está a tua espera.*
> *Coragem, anima-te para entrares por sua porta.*

Como é extasiante a graça de sentirmo-nos amados por Deus, de sabermos que, mesmo sendo pecadores, Jesus tem predileção por nós e nos quer resgatar! "Muitos são os que entram pela porta larga!" *(Mt 7,13)*, porque o caminho da perversidade nos chama à tentação, mas a porta estreita – Jesus Cristo – quer seduzir-nos a ponto de rejeitarmos o pecado. Sim, Jesus é a porta que nos dá acesso ao Pai; somente por Ele poderemos chegar à Morada Celeste. Papa Francisco nos encoraja a darmos os primeiros passos rumo à porta estreita; suas *palavras do coração* tocam o nosso, reanimam-nos na fé em Cristo. Não foi por acaso que essa mensagem apostólica chegou ao nosso conhecimento; é um sinal da presença divina em nosso meio pela sabedoria de um discípulo que abraça a todos e é seguidor de Cristo. Se Jesus não fazia distinção entre o povo, quem somos nós para fazê-lo? Passemos a ver com novos olhares quem tanto menosprezamos no passado; é hoje o recomeço, e amanhã será o dia de ouvir a voz do Senhor: "Entre, meu filho, estava ansioso a sua espera! Sua conversão lhe salvou!" Assim seja!

11

> *Peço a Nossa Senhora que reze por mim ao Senhor.*
> *É um hábito, mas é um hábito que me vem do coração e também pela necessidade que tenho para meu trabalho.*
> *Eu sinto que devo pedir..., eu não sei, é assim...*

"Como é bonita uma religião que se lembra da mãe de Jesus", aliás, como o Senhor se alegra quando recorremos à intercessão de Maria! Em suas entrevistas, Papa Francisco sempre nos relembra a magnitude de adorarmos Cristo, de o invocarmos em nossas aflições. Mas ressalta que jamais nos esqueçamos de Nossa Senhora. A primeira a dizer "sim" ao Pai Onipotente não fez questão de calcular as dores pelas quais haveria de passar. Entregou-se aos desígnios de Deus, como submissa servidora do Reino dos Céus. Maria é a medianeira das graças, Mãe zelosa que recebe nossas dores e as conduz ao seu Filho, nosso intercessor diante de Deus. Terrível imaginar estarmos presos, para sempre, ao pecado, se não fosse a coragem dessa mulher, que enfrentou a humilhação de seu povo, que a julgou por estar grávida ainda solteira. Mas o Deus Pai nunca nos desampara, Ele não quer o sofrimento para nenhum de seus filhos, antes coloca à prova nossa confiança nele. As obras mais louváveis aos olhos do Todo-Poderoso são aquelas realizadas em uma entrega total, sem reservas, assim como Maria consagrou-se a Ele. Ainda que não entendamos o que nos espera – as tribulações por que passaremos –, devemos confiar no plano divinal, oferecendo-nos, por inteiro, ao Pai Misericordioso. Supliquemos a Nossa Senhora o auxílio necessário de Jesus Cristo para não fraquejarmos na fé. Que Ele não permita cairmos na tentação do desânimo, mas, ungidos por seu Espírito de Amor, possamos continuar a missão a nós confiada. Sejamos espelho da Mãe de Deus, pois, unidos em Cristo, poderemos salvar este mundo das sementes do mal. Assim seja. Amém!

12

> *A quem o segue Jesus propõe a perfeição do amor: um amor, cuja única medida é não ter medida, ir além de qualquer cálculo.*

Meu Deus, como seria maravilhoso se tivéssemos um coração tão puro como o de vosso Filho Jesus! Infinito é vosso amor, pois entregastes o Predileto à cruz da salvação por meus pecados. Não tenho, jamais, o direito de negar meu amor; ingrato eu seria se isso fizesse. Pai, ensinai-me a sempre amar meus irmãos, e, em vossas mãos, coloco meu coração, para que o purifique da mancha do pecado. Quero construir a concórdia por onde passar e semear a paz, para viver com plenitude seus mandamentos. Amém!

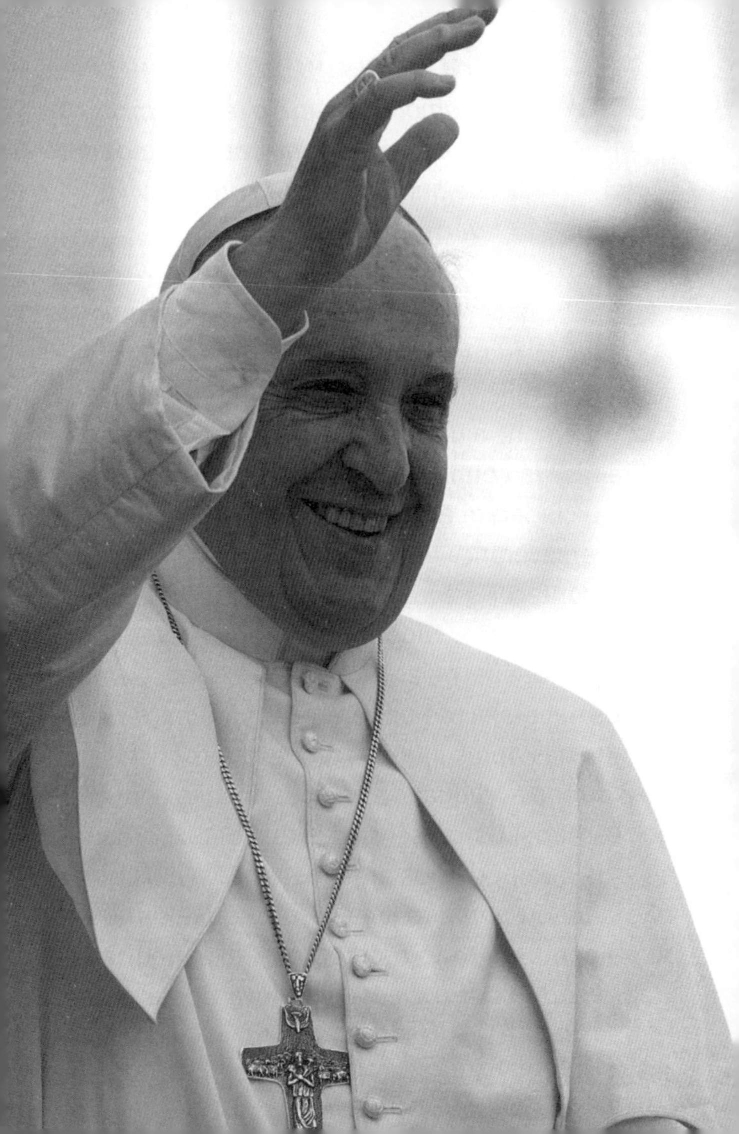

13

> *O amor fraterno é o testemunho mais próximo que nós podemos dar de que Jesus está conosco vivo, que Jesus ressuscitou.*

Você já se perguntou como conseguiu vencer uma difícil etapa de sua vida? Recorda-se quem lhe ajudou nessa ocasião a enfrentar as barreiras? Já conheceu pessoas de sua comunidade que cuidaram anos e anos dos entes enfermos com perseverança e carinho? Tudo isso só foi possível acontecer graças a Cristo, vencedor da morte pela ressurreição. Ninguém consegue viver como ilha aprisionada pelas águas da solidão. Sempre vamos necessitar de um ombro amigo para socorrer-nos nas horas infelizes. O peso nas costas fica mais suportável quando nos deparamos com amigos verdadeiros, presença real de Cristo. É amando a Jesus que podemos amar os irmãos, pois quem não o amou primeiro jamais conseguirá amar seu semelhante de todo o coração. A experiência extraordinária com o Deus-Filho leva-nos a entender nossa insignificância diante da existência de um Pai criador de todas as coisas. A partir do momento que abrimos nossos olhos aos desígnios de Deus, compreendemos que o amor gera amor. "Felizes os misericordiosos, porque conseguirão misericórdia" *(Mt 5,7)*, pois assumiram as dores do irmão e serão amparados, também, no sofrimento e na doença. Peçamos a misericórdia do Pai, para que tenhamos um coração piedoso com as misérias do mundo. Coloquemos nas mãos chagadas de Cristo os irmãos sofredores que vivem em países guerrilheiros, desconhecedores da Paz, vinda dos Céus. E oremos por aqueles que padeceram sem o carinho do irmão, que encontrem na Glória Eterna o consolo espiritual. Senhor, dai-nos a capacidade para amar nosso semelhante, para que em nosso olhar ele perceba que vós sois o Caminho, a Verdade e a Vida. Amém!

14

> *Cada um de vós pense:*
> *o Senhor passa hoje, o Senhor olha para mim, observa-me! Que me diz o Senhor?*
> *E se algum de vós sente que o Senhor lhe diz 'segue-me', seja corajoso, vá com o Senhor. O Senhor nunca desilude.*

O mundo está repleto de falsos ídolos, que nos escravizam até nos levar à desilusão. Depositamos nossa alegria e esperança em coisas supérfluas, no materialismo desmedido e nos sórdidos prazeres. Sem que percebamos, vamos nos distanciando de Deus pela ilusão com promessas traiçoeiras. Muitas vezes, a inevitável decepção acomete nossa alma e fere nossa dignidade. Mas Deus jamais desamparou algum filho necessitado de socorro; estende a mão e nos chama à conversão. Cabe a cada um de nós responder com sabedoria a seu chamado: "Segue-me, filho(a) amado(a)!" Tenhamos a coragem de darmos nosso "sim", certos de que nosso Pai Misericordioso nunca nos abandonará diante de nossas fragilidades. Assim seja. Amém!

15

> *Ninguém pode tocar a Cruz de Jesus sem deixar algo de si mesmo nela e sem trazer algo da Cruz de Jesus para sua própria vida.*

Neste momento, recorde a última vez que tocou o Cristo Crucificado. Talvez estivesse na igreja de sua comunidade, ou, quem sabe, foi em sua própria casa. Quando tocamos a Cruz, não a tocamos somente com as mãos, mas principalmente com a alma. Necessitamos estar em sintonia para sentirmos a presença real de Jesus em nosso viver. Impossível não trazer para si nenhum sentimento, nenhuma experiência. Ao contemplarmos essa prova de amor, o Filho de Deus nos chama a acompanhá-lo naquele dia ao monte Calvário. Será que suportaríamos as feridas e o peso da cruz? Teríamos a coragem de morrer por Ele? De fato, somos fracos diante da bravura desse homem. Nossas mãos, ao tocar o crucifixo, sentem a alegria da salvação, o imenso amor jorrado pelo sangue do Cordeiro. Em contrapartida, deixamos na cruz nossa tristeza pela ingratidão humana, pelo rancor e egoísmo. Mas nosso Pai Eterno realiza prodígios na vida de seus filhos amados, transformando nosso pranto em consolo, cansaço em determinação, enganos em acertos. Por isso, confiemos no Deus Trino, se quisermos superar todos os nossos fracassos, pois milagres acontecem, basta tocarmos a face de Cristo com as mãos da humildade, e nossa vida transfigurará. Assim seja. Amém!

16

> *A comunhão é uma teia que deve ser tecida com paciência e perseverança, que vai gradualmente 'aproximando os pontos' para permitir uma cobertura, cada vez mais, ampla e densa.*
> *Um cobertor com poucos fios de lã não aquece.*

Estar em comum união (comunhão) entre os irmãos é ponto de partida para criarmos uma identidade pautada no diálogo e no respeito, fundamentada no maior mandamento: amar a Deus sobre todas as coisas e ao próximo como a si mesmo. A Eucaristia vai muito além do Sagrado Banquete do Senhor, pois, ao recebermos seu Corpo pela hóstia consagrada, estamos confirmando nossa cooperação em construir seu Reino de Amor aqui na terra. Conforme afirma Papa Francisco, é primordial sermos pacientes e perseverantes, se quisermos nos aproximar do outro para que ele também nos ajude a levar o Evangelho de Jesus a toda parte. Alerta-nos o querido papa, em seus discursos, que devemos procurar ser uma Igreja em saída, que esteja ligada às periferias da vida, com as esquinas dos vícios, com os esquecidos debaixo da ponte. Não deixemos para amanhã nosso encontro com o Cristo nesses lugares tão sombrios e frios, que precisam ser acalentados pela caridade e pelo amor a Deus, por nossa doação ao irmão abandonado. Amém!

17

> *Ninguém pode ir para a batalha a menos que esteja plenamente convencido da vitória de antemão.*
> *Se começamos sem confiança, já perdemos metade da batalha e enterramos nossos talentos.*

Todos nós temos uma cruz a carregar e, às vezes, seu peso torna-se insuportável. Todavia, Jesus está ao nosso lado suavizando o sofrimento. Mas a cruz não representa apenas as dores e os desafios cotidianos, ela simboliza, sobretudo, a vitória da vida sobre a morte. O espírito maligno ronda-nos, esperando o momento exato de implantar em nosso coração o derrotismo. Por isso, na luta com a ajuda de Cristo – nosso Mestre –, precisamos estar convictos do triunfo sobre as trevas. *Somos falhos* sim, e muito! Mas com fé em Deus, confiando em seu amor, superamos qualquer barreira. Percorrer o bom caminho incrédulos é como se mantivéssemos a chama da vela apagada em meio à escuridão. Jamais chegaremos ao destino final e nos perderemos nas trevas pela falta de luz, falta de confiança em Deus. Percorreremos quilômetros, mas acabaremos somente dando voltas ao redor de nossos medos. Jesus deseja que nos despojemos de nossos temores, entreguemo-nos a sua cruz, se quisermos alcançar a vitória. Mas para isso é necessário que usufruamos de nossos dons, concedidos pelo Pai, e lutemos, fielmente, pelo Reino dos Céus. Não nos acovardemos diante do mal. Deixemo-nos ser tocados pelo Espírito Santo. Com Deus nada perderemos e com Cristo à salvação chegaremos! Amém!

18

> *Abramos, de par em par, nosso coração à alegria do perdão, conscientes da esperança segura que nos é restituída, para fazer de nossa existência diária um instrumento humilde do amor de Deus.*

Amantíssimo Pai, por vezes meu coração se fecha ao perdão pelo mal que me fizeram. Quem sou eu para recusar a perdoar a meu semelhante? Nesses momentos, a caminhada torna-se mais pesarosa, o coração já não acredita em um novo amanhã, em um mundo, onde haverá mais respeito e compaixão. Culpado sou eu, pois a amargura só mata aquele que não sabe dar seu perdão. Destruo meu coração, e padece minha alma. Meu Deus, socorrei-me nesta aflição: entender que é perdoando que serei perdoado. Sede minha força nas horas de rancor e desespero, para que jamais volte a fechar meu coração à reconciliação. Amém!

19

> *Somos convidados a viver a revolução da ternura, como Maria, mãe da caridade. Somos convidados a sair de casa, a ter os olhos e o coração abertos aos outros.*

Maria foi a fiel discípula de Deus, mulher corajosa e defensora do plano da salvação. Nossa Senhora é sinal autêntico da caridade, aliás, é modelo de ternura para todos os cristãos. Papa Francisco expõe estas duas virtudes de Maria – *terna e caridosa* – não por acaso, mas por querer nossa análise de como estamos vivendo a prática do bem. Não é difícil encontrarmos pessoas se vangloriando por terem ajudado o próximo; tornam-se frequentes as publicações *(posts)* nas redes sociais de "benfeitorias". Há quem precise fotografar esses momentos por autopromoção, principalmente, em épocas de campanhas eleitorais. Isso é caridade? São atitudes de ternura com os necessitados de carinho? Isabel reconheceu em Maria a missionária da caridade e da ternura, quando ela se ofereceu para amparar a futura mãe de João Batista durante a gravidez. Doar-se ao próximo caracteriza-se pela entrega sem pretensão e sem manifestações espalhafatosas em público. É não esperar nada em troca, pois a recompensa maior vem de Deus. Claro que se devem expor os gestos compassivos para tocar outros corações generosos, pois o mundo está carente disso, desde que não haja segundas intenções. Nosso Pai Celeste espera nossa visita ao enfermo, ao encarcerado e ao sem teto, suplicantes de um pouco de atenção e respeito. Escutemos o que Ele nos comunica: "Toda vez que fizestes o bem a um desses mais pequenos dentre meus irmãos foi a mim que o fizestes!" *(Mt 25,40)*. A caridade não pode ser esquecida por aquele que deseja ser lembrado na Glória de Deus. Sigamos os passos da Virgem Maria e tenhamos um coração piedoso igual ao de Cristo! Assim seja. Amém!

20

> *Bote Cristo em sua vida, ponha sua confiança nele e você não será desapontado!*

"**M**aldito o homem que confia no homem (...) e cujo coração se afasta de Javé" *(Jr 17,5)*. As decepções estão presentes em nossa vida. Quase sempre damos às pessoas o lugar que corresponde somente a Deus, sentimo-nos fracos e nos esquecemos de que existe um Pai fiel, no qual podemos depositar todas as nossas preocupações. Nosso querido Papa Francisco alerta-nos sobre o perigo de confiarmos cegamente no outro e nos afastarmos de Deus; não seremos, jamais, desapontados pelo Cristo, pois Ele é nosso porto seguro, nossa esperança e salvação. Creiamos nisso e seremos mais felizes e realizados em nossa missão terrena. Assim seja! Amém!

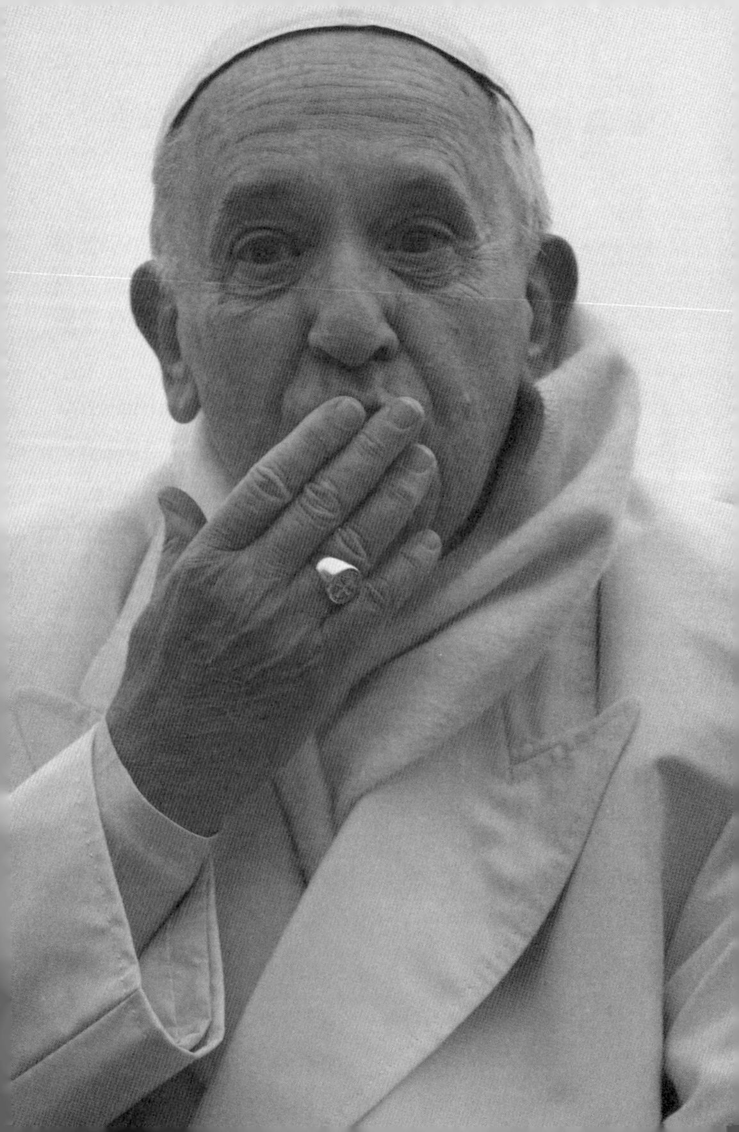

21

> *Os teimosos de alma, os rígidos, não entendem o que é a misericórdia de Deus (...). Os rígidos não sabem alargar o coração como o Senhor.*

Os poderosos tentam manipular o mundo com sua falha justiça, mantêm o coração enrijecido pela ganância e soberba, não se comovem com os gritos de uma sociedade marcada pela violência, fome e pelo desespero. Os próprios interesses falam mais alto, absorvendo tudo aquilo que serviria para o bem coletivo. "Ninguém pode servir a dois senhores: ou desagrada a um e agrada ao outro, ou dará preferência a este e desprezará aquele. Não podeis servir a Deus e ao dinheiro" *(Mt 6,24)*. Os gananciosos já escolheram seu deus, rejeitando a misericórdia do Senhor. Mas Deus abriga, em seu coração, todos os famintos e sedentos de compaixão, espera nosso auxílio mútuo diante das mazelas humanas. O pouco que temos, doado com amor fraterno, com Deus torna-se muito, pois Ele multiplica nosso sacrifício, se ofertamos de bom grado. Bendigamos ao Pai pelo pão de cada dia, pelo trabalho e pela moradia. Lutemos por uma sociedade mais igualitária e sem exclusão e oremos pelos irmãos que vivem na miséria extrema. Que os governantes conscientizem-se do mal da corrupção, arrependendo-se dos erros cometidos, e sejam, de fato, promotores da esperança e da solidariedade. Assim seja. Amém!

22

> *Deus não é apenas aquele que perdoa o pecado, mas, em Maria, chega até a evitar a culpa original, que cada ser humano traz consigo ao entrar neste mundo. É o amor de Deus que evita, antecipa e salva.*

Quando nascemos, desde os primeiros segundos de vida, nosso existir já está envolto pelo pecado. Maria foi a agraciada do Pai, preservada sem nenhuma culpa, pois seria o templo santo que traria ao mundo Jesus Cristo, mas, mesmo assim, não foi resguardada das dores e da maldade do homem: sofreu demais com a perda de seu filho e aceitou, com firmeza, as terríveis calúnias da sociedade, por ser mãe solteira, quando grávida. Todo aquele que procura conhecer o Amor de Deus, como fez Nossa Senhora, encontra a "chave que tranca a porta do pecado", não se envaidece com as virtudes nem se desfalece diante das humilhações. Esse amor misericordioso transforma nossa vida em doação aos irmãos, não nos deixando ferir o outro com o egoísmo e a inveja, antecipa o bem antes de desejarmos o mal e nos salva, se convertermos nosso coração à graça do perdão. Que despertemos nossa vida a essa virtude para vivermos conforme os mandamentos de Deus. Assim seja. Amém!

23

> *Não há situações que Deus não possa mudar;*
> *não há pecado que não possa perdoar, se nos abrirmos a ele.*

"Se Deus é por nós, quem será contra nós?" *(Rm 8,31)*. Não há criatura alguma capaz de nos separar do amor divinal; nosso Pai quis que nos uníssemos a Ele por Jesus, com sua entrega total à humanidade. Se temos sempre conosco o bem-querer de Deus, o que podemos temer, se tudo Ele pode modificar para nosso bem? Atualmente, somos bombardeados pelas más notícias que tentam sugar nosso ânimo de seguir com fé a caminhada com Cristo. A violência, a fome, a corrupção, a intolerância, entre outros males sociais, são noticiados, todos os dias, pela TV e internet. Há quem se pergunte: "Por que isso acontece, meu Deus?" Que ingratos somos! Nosso Pai deu-nos tudo para vivermos em harmonia, mas a ganância imperou sobre o homem, fazendo-o propagar o mal pelo mundo. Engana-

-se quem acha que Deus afastou-se de nós, que as coisas estão assim por causa dele, pois fomos nós que nos afastamos de seu amor pelo pecado. Os únicos responsáveis pelas catástrofes somos nós mesmos. Temos o livre-arbítrio para fazer nossas escolhas pelo bem ou pelo mal, mas devemos aceitar as consequências de nossos atos. Papa Francisco nos orienta que Deus perdoa todo pecado, se abrirmos nosso coração a Ele. Se toda a humanidade fosse capaz de repudiar a maldade, o cenário seria outro: paz entre os povos, respeito e amor ao próximo. O Espírito de Deus age sobre cada um de nós, mas necessitamos estar abertos a sentir esse Amor. Não devemos nada temer, Deus se faz morada em nós! Acreditemos nisso e rezemos confiantes: "Meu Deus, sei que tudo podeis mudar. Perdão pelas vezes em que desacreditamos de vosso amor paternal. Fazei de mim um instrumento de vossa paz; procurarei viver conforme vosso desejo. Obrigado por vosso perdão. Amém!"

24

> *Abraçar, abraçar.*
> *Precisamos todos aprender a*
> *abraçar quem passa necessidade,*
> *como fez São Francisco de Assis.*

Jesus, como fui egoísta diante do sofrimento do irmão que eu não ajudei! Há momentos em que percebo o quão omisso sou e refaço meu caminho, volto ao lugar em que pediram minha ajuda e, outrora, *eu neguei*. Senhor, ajudai-me a ser instrumento de paz, onde o ódio tenta prevalecer; mostrai-me a luz, onde as trevas insistem em reinar. Perdoai-me, meu Salvador, quero me ofertar aos necessitados de amor e carinho, pois é isso que quereis de mim. Acolhendo-os estarei abraçando a vós, ó Deus de minha salvação. Assim seja. Amém!

25

> *O coração do homem deseja a alegria.*
> *Todos desejamos a alegria; cada família, cada povo aspira à felicidade.*
> *Mas qual é a alegria que o cristão é chamado a viver e a testemunhar? É a que vem da proximidade de Deus, de sua presença em nossa vida.*

Há momentos em que nos perguntamos por que tantas pessoas vivem tão alegres, enquanto vivemos entristecidos e cansados pelas provações. Mas será que essas pessoas, realmente, encontraram a alegria de viver? Aquele que deixou Cristo morar em seu coração encontrou a felicidade. Vivemos em um mundo de aparências, movido pela vaidade. Até parece que somos obrigados a transparecer o que não somos, pois somos levados a acreditar em conceitos enganadores. Bilhões de pessoas vivem conectadas às mídias sociais. Fazem poses, escolhem a melhor roupa e o mais belo lugar; com sorriso escancarado no rosto fotografam uma falsa felicidade, postando o *status ideal*. Na maioria das vezes, o que carregam dentro do peito é apenas um desmesurado vazio, antes preenchido pela vaidade, mas que, aos poucos, vai desmoronando aquele "mundinho" irreal, sustentado pelas superficialidades. É certo que todo homem almeja a alegria, mas somente encontraremos a felicidade completa se nos direcionarmos a Cristo. O jovem, a família, a comunidade ou o país, distanciados do Evangelho e dos sacramentos da Igreja, não conseguirão lapidar a alegria no coração. Há um verso de uma música muito conhecida pelos católicos – *Alegres vamos à Casa do Pai* – que exprime, com exatidão, esse pensamento do querido Papa Francisco: "Só será bem feliz uma vida que busque em Deus sua fonte de amor". Inspirados por esse Amor, vivamos, unidos em Cristo, a alegria de sermos filhos amados do Pai. Assim seja!

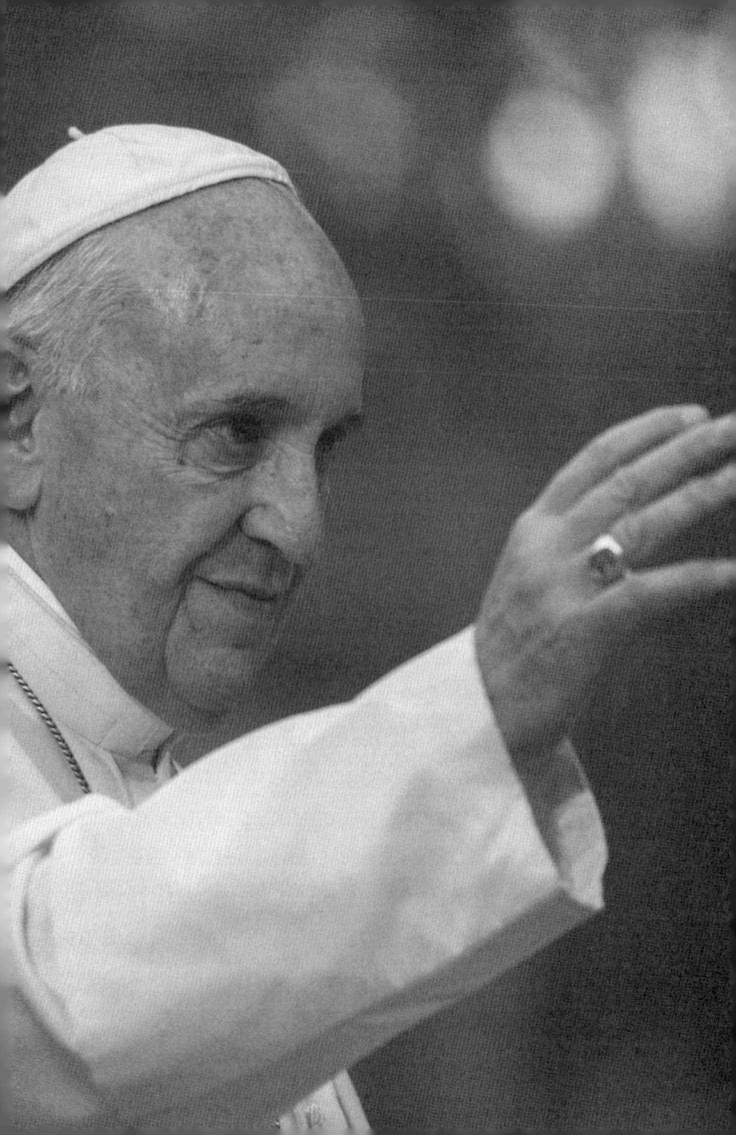

26

> **"**
> *Nada é mais alto do que o abaixamento da cruz, porque lá se atinge verdadeiramente a altura do amor!*
> **"**

A coragem de se entregar por toda a humanidade e de padecer as dores mais terríveis fez o mundo inteiro parar; as testemunhas ficaram estagnadas com os sinais, logo após a morte de Cristo, e exclamaram: "Na verdade este era Filho de Deus!" *(Mt 27,54)*. Na atualidade, vivemos a *cultura do imediatismo*, tudo ao mesmo tempo e agora. Nada pode ser deixado para depois, tudo tem de ser rápido: a internet, o cafezinho, as soluções dos próprios problemas... A paciência está escassa, enquanto o discernimento torna-se descartável; não se pensa duas vezes antes de agir, depois vêm as consequências. Diante disso, os sinais de Deus em nossas vidas também passam despercebidos; esquecemo-nos de parar para aspirar os perfumes das flores e contemplar a beleza do céu enluarado. Se não damos espaço para um bom papo com quem está ao lado, ignorando essa pessoa para conversar com quem está on-line, será que temos reservado um momento para a conversa íntima com nosso Deus? Infelizmente, há de se pensar que milhares são crucificados pela violência, injustiça, pelos desamores, e já não nos espantamos com a perda de nossos irmãos. Se Deus é paciente, se fomos criados a sua imagem e semelhança, mudemos de atitudes. Vamos nos comprometer com estar mais envolvidos com os problemas de todos, deixando o individualismo de lado e estando à mesa do jantar sem nossos smartphones, para nos mantermos ligados aos assuntos familiares. Vivamos para o outro, assim como Jesus se ofereceu por todos nós, mostrando-nos que a morte é passageira e o Verdadeiro Amor se constrói pela paciência e dedicação ao próximo. Amém!

> *'Não tenham medo!' Quando vamos anunciar Cristo, Ele mesmo vai a nossa frente e nos guia.*
> *Ao enviar seus discípulos em missão, Jesus prometeu:*
> *'Eu estou com vocês todos os dias'. E isso é verdade também para nós!*

27

Papa Francisco sempre nos fascina com suas palavras encorajadoras. Como pastor de Cristo, ele demonstra sua entrega total ao próximo por suas atitudes. Ele aceitou a missão que Deus lhe confiou, ouvindo o clamor da sociedade, machucada pela violência e desigualdade social e, muitas vezes, dominada pelo medo de enfrentar os poderosos. Mas eis nosso Francisco, batendo à porta de cada coração cristão: "Não tenham medo!" Poderia ter ele exigido estar entre os fiéis, separado por um vidro blindado, contudo inquestionável é sua confiança no Pai. Quer acalentar nossa alma com seu abraço fraterno, aproximando-se de cada um, como Jesus fez por onde passou. E nesse abraço encontramos ânimo para seguir nossa caminhada. O mundo grita por sede de justiça e de igualdade, na esperança de dias melhores. Estamos cansados da corrupção desmedida, das guerras, do desrespeito entre os homens. Mas temos lutado para mudar essa situação? Temos reerguido o irmão caído, fazendo-o recordar da promessa de Cristo de que jamais estaremos sozinhos, pois Ele sempre estará conosco? Não podemos ser cristãos somente de nome, temos de nos orientar conforme a vida do Salvador. Temos de sair da zona de conforto, de nossas casas... Sair ao encontro de tantos perdidos nas drogas, no crime, na hipocrisia. Os problemas sociais tornam-se mais complexos, com os passar dos dias, por causa do erro humano de pensar que a solução está nas mãos do outro, e, enquanto isso, muitos cruzam os braços. Sigamos com firmeza nosso Senhor, entreguemo-nos a seus cuidados. Ele precisa de mim, de você, de missionários dispostos a vencer os males sociais. "Se alguém quiser me seguir, renuncie a si mesmo, carregue sua cruz e me acompanhe! Porque aquele que quiser salvar sua vida vai perdê-la; mas, quem perder a vida por causa de mim e do Evangelho, este a salvará" *(Mc 8,34-35)*. Escutemos esse chamado, chamado de Vida Eterna. Amém!

28

> *Jesus, com sua Cruz, percorre nossas ruas e carrega nossos medos, nossos problemas, também os mais profundos.*

Meu Jesus, em certos momentos, eu me finjo de forte para mascarar o medo que atormenta meu presente. A decepção chega a ferir meu peito, a solidão me desanima; assim já não tenho forças para lutar por meus sonhos. Tudo parece sem solução, os maus pensamentos revelam-se, querem que eu me distancie de vossa misericórdia. Mas quem sou eu sem vós, meu Senhor? Eu não sou nada sem vossa proteção; sem vosso olhar, não há um novo amanhecer; sem vosso coração todo amor padece em vão; reinais em minha alma, com o fogo de vosso Espírito Santificador. Penetrais no mais íntimo de meu ser, carregando em vossos ombros chagados minhas preocupações e me entregais ao Pai, fonte de todo o poder e glória. Meu amado Senhor, obrigado por fazer morada em meu coração. Sois a esperança diante de qualquer incerteza e a fortaleza no fracasso; enfim, sois minha vida, pois sem vossa misericórdia eu não estaria hoje aqui a vos pedir: "Nunca me deixeis sem vossa companhia, meu Senhor!" Assim seja. Amém!

29

> *Não nos é pedido que sejamos imaculados, mas que não cessemos de melhorar,*
> *vivamos o desejo profundo de progredir no caminho do Evangelho e não deixemos cair os braços.*
> *Indispensável é que o pregador esteja seguro*
> *de que Deus o ama, de que Jesus Cristo o salvou,*
> *de que o seu amor tem sempre a última palavra.*

Mais uma vez papa Francisco nos emociona com suas *palavras do coração*! Durante seu pontificado, percebemos a preocupação do pastor de Cristo de atrair nosso amor para Deus, pois fomos criados por Ele e para Ele para difundirmos seu Reino. Trilhamos caminhos tortuosos, cheios de armadilhas; o mal ilude para nos desanimar. Mas o Pai Celestial jamais desaponta algum de seus filhos, pelo contrário, sempre nos resgata das misérias e pede para sermos melhores a cada dia. Sim, Ele apenas nos pede, nada exige! Escutemos o conselho do amado Francisco: "Não deixemos cair os braços". Recorrer à misericórdia infinita do Pai demonstra nosso reconhecimento do quanto somos frágeis à ação do mal, semeador do ódio, da violência, da ganância, do fracasso... Devemos procurar assumir o Evangelho em nossa vida, exercendo a vocação dada pelo Senhor. Se eu tenho facilidade com a leitura, por que não participar do grupo de leitores de minha comunidade? Se cultivo o prazer de cantar, por que não ingressar no coral? Sim, podemos ser pregadores do amor divino por nossos dons, sendo ministros, acólitos, coroinhas, exercendo atividades que auxiliem nosso pároco. Não tenhamos medo de participar da Igreja de Cristo, pois cada um de nós é membro do Corpo do Senhor. Guiados por seu Espírito, podemos operar maravilhas em nome de Deus. Assim seja!

30

> *Como é grande e profundo o amor de Deus por nós!*
> *É um amor que não falha, que sempre agarra nossa mão, sustenta-nos, levanta-nos e guia-nos.*

Sentir-se amado nos motiva a sermos melhores, aumenta nossa autoestima, provoca nosso entusiasmo. Sentir-se amado por Deus abrilhanta nossa alma, amor que não se compara a nenhum outro. Tão belo Amor foi capaz de enviar ao mundo o Salvador para remissão de nossos pecados. Enquanto buscamos, quase sempre, amar somente quem nos ama, dar e receber, Deus já nos ama desde a fecundação no seio materno e não espera nada em troca, pois seu amor não se orienta por interesses, mas manifesta-se em nossos corações pela graça de sermos seus filhos. Sejamos agradecidos ao Pai nos amar tanto, ainda que nos desviemos de seus caminhos, pois jamais nos negará seu amor, que nos conduz ao perdão, à salvação e gera a paz. Amém!

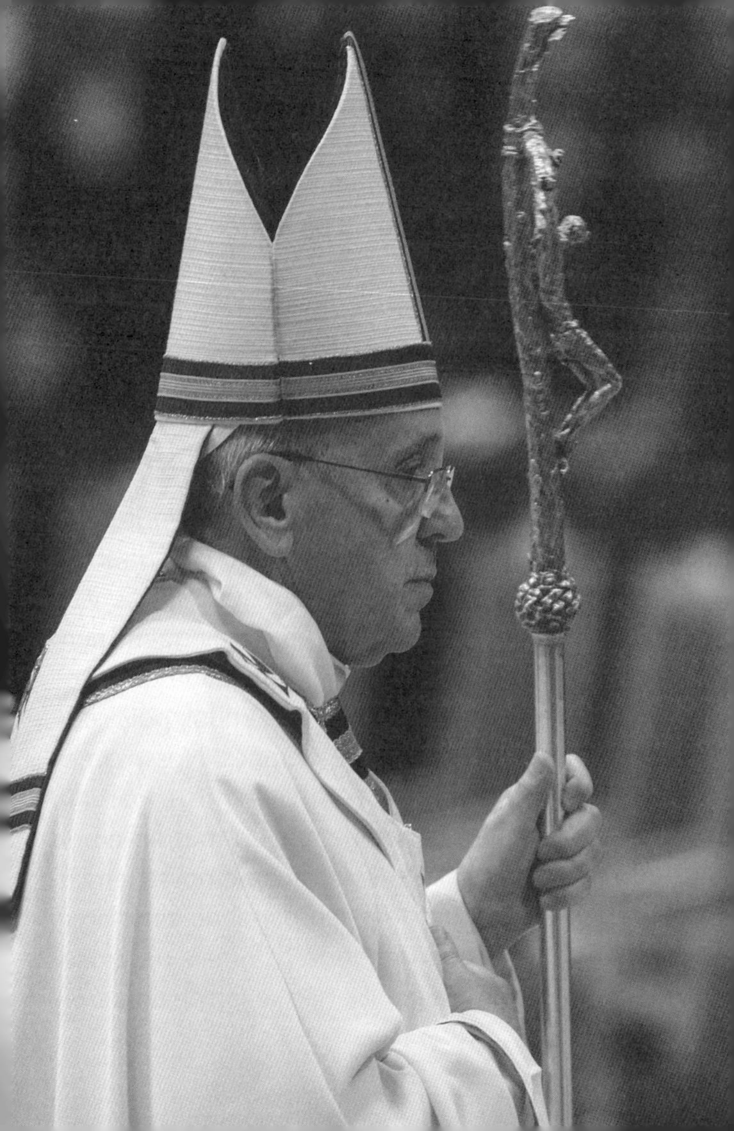

31

> *Não percamos a esperança por causa de nossos limites, mas também não renunciemos à procura da plenitude de amor e comunhão, que nos foi prometida.*

Somos humanos, falhos e limitados. Viemos ao mundo por amor de nossos pais, nosso nome foi outros que nos deram, nossos primeiros passos foram possíveis pelo esforço de outrem, e ainda há pessoas que se julgam autossuficientes, pensando que não necessitam de ninguém nem de Deus. É feliz quem tem a humildade de reconhecer sua pequenez diante do Senhor, pois sabe que nele se encontra sua esperança. Nosso amado Francisco pede-nos para vivermos a partilha do bem. Quando comungamos do mesmo amor, tudo fica mais fácil. Pensemos como nossa família é perfeita! Cada um tem seu papel no seio familiar; na ausência de um, tudo fica mais pesaroso. Reflitamos, ainda: a família não se faz de uma única pessoa, ainda mais a família de Deus, pois Ele quer todos unidos pela fraternidade. Nunca poderemos viver isolados, a vida só tem sentido se Deus e o irmão estiverem presentes. Peçamos em nossas orações por aqueles orgulhosos, convencidos de sua grandeza neste mundo. Roguemos ao Pai pela conversão desses irmãos enganados pelo dinheiro e poder. Que encontrem a salvação em Cristo, e que o Espírito Santo ilumine seus pensamentos, para partilharem desse infinito Amor. Assim seja!

32

> *A misericórdia de Jesus não é só um sentimento, aliás, é uma força que dá vida, que ressuscita o homem!*

Jesus, como revigora meu ser quando sinto vossa infinita misericórdia a penetrar meu coração. A serenidade e a vontade de poder ser melhor me invadem. Infelizmente, há momentos em que desfaleço, caio por terra e entrego-me às atitudes pecaminosas, ferindo minha alma, templo do Espírito Santo. Senhor, perdoai-me quando desprezei vossos ensinamentos, pecando contra vós e ferindo meus irmãos. Auxiliai-me em minha fé, para que jamais seja seduzido pelo mal e sempre permaneça sob vossa proteção. Amém!

33

> *Quem não sabe perdoar ainda não conheceu a plenitude do amor. E só quem ama de verdade é capaz de chegar até o perdão, esquecendo a ofensa recebida.*

Durante nossas orações, rezamos a oração ensinada por Jesus – o Pai-nosso – e proferimos "... perdoai as nossas ofensas, assim como nós perdoamos àqueles que nos têm ofendido ..."; mas será que estamos cumprindo nossa parte, quando suplicamos misericórdia ao Pai? Sinceramente, falta-nos muito para alcançar o grau supremo do perdão. Magoamos, mas não aceitamos nos magoar; exigimos tudo do outro, mas, em contrapartida, não queremos que nada nos exijam. Enquanto o orgulho, a vaidade e a soberba sobrecarregam nosso coração, somos sufocados pelo ódio e rancor. Esquecemos do mandamento maior – amar a Deus sobre todas as coisas e ao próximo como a nós mesmos – e imploramos o perdão divino. Embora a misericórdia de Deus seja infinita, que se estende a toda criatura, antes, devemos nos redimir diante do outro, abandonar as desavenças do passado; se ainda for necessário, admitir toda culpa pelo mal-entendido. Mas não estarei ferindo meu amor próprio quando assumo todos os erros? Ainda que não tenhamos cometido todas as afrontas, melhor ter hoje a paz no coração do que ser arrasado, para sempre, pelo desamor. Pensemos nas palavras de Cristo: "Quem se exalta será humilhado e quem se humilha será exaltado" *(Mt 23,12)*. Que o tempo nos ensine a amar o irmão para alcançarmos a plenitude da redenção. Se Cristo se ofereceu por mim na cruz, por Ele também vou oferecer minha vida em favor da paz e do amor ao próximo. Assim seja!

34

> *É verdade que existe sempre o perigo que haja um louco...*
> *Sim, que haja um louco que faça alguma coisa; mas há também o Senhor!*
> *Entretanto, criar um espaço blindado entre o bispo e o povo é uma loucura,*
> *e eu prefiro aquela loucura: estar fora e correr o risco da outra loucura.*

"Se eu tiver de andar por um vale escuro, não temerei mal nenhum, pois comigo estais" *(Sl 23,4)*. Ainda que o mundo esteja contra nós, se tivermos a confiança em Deus, nenhuma barreira poderá nos impedir de seguir seus desígnios. A espiritualidade do Papa Francisco nos surpreende a todo instante, impossível não nos extasiarmos com o carisma de nosso amado pastor, representante de Cristo. Diante do exposto,

Jorge Mario Bergoglio nos demonstra seu imenso amor a Jesus, pondo sua vida em risco pela vida de tantos pecadores, que necessitam do Evangelho. Nosso papa nos deixa claro: "Mas há também o Senhor!" Ainda que haja a fome, a guerra, o desespero, ainda que tentem contra nossa fé, se o Deus Verdadeiro estiver em nosso coração, nada será capaz de nos abalar. E é perdendo a nossa vida pelo outro que ganharemos a salvação que Ele nos prometeu. Acreditemos nisso! Corramos o risco de estar envolvidos pela "loucura" de seu eterno amor. Assim seja. Amém!

35

> *Senhor, tu és um escândalo! Tu és um escândalo: o escândalo da cruz.*
> *Uma cruz que é humildade, mansidão;*
> *uma cruz que nos fala da proximidade de Deus.*

O mistério do amor de Deus causou fascínio e espanto aos espectadores da crucificação de Cristo. Nosso Pai Onipotente quis estar conosco na pessoa de seu amado Filho, mas desprezamos sua proteção e arquitetamos um plano cruel para entregá-lo à cruz. Ainda assim, Ele nos amou antes, durante e após a terrível flagelação, gritando aos céus por nossa salvação: "Pai, perdoai-lhes, porque não sabem o que fazem" *(Lc 23,34)*. Como não derramar lágrimas de arrependimento diante da misericórdia divina? Impossível não se comover, não se escandalizar com essa sublime entrega. Escândalo de culpa por sermos tão pecadores, escândalo por inacreditável amor, escândalo que nos instiga a sermos mais humanos com o irmão menosprezado. A cruz da redenção não nos apresenta um deus aniquilado pela perversidade dos homens, mas um Deus Vivo, triunfante, grandioso pela humildade. Uma cruz libertadora da morte, que aprisionava o povo de enxergar aquele Homem Santo, mas que era sinal de esperança às futuras comunidades cristãs que aguardam sua volta. Como não se escandalizar por Cristo? Ele assumiu toda a nossa culpa, permitindo ser humilhado com brutalidade pelos seus, no entanto, resistiu, com firmeza, por amar-nos sem limites. Hoje, entregamos nossa vida em suas mãos, Senhor Glorioso, pedimos sua intercessão junto ao Pai. Perdão por sermos, muitas vezes, indiferentes às dores do semelhante, sofrido pela guerra, pela fome, pelo analfabetismo, pela corrupção e por tantos outros males. Precisamos mudar esse trágico destino, precisamos ser mais humanos! Por isso, suplicamos a Deus Pai coragem para não aceitarmos os descasos sociais e força para reconstruirmos a paz e o amor entre as nações. Assim seja! Amém!

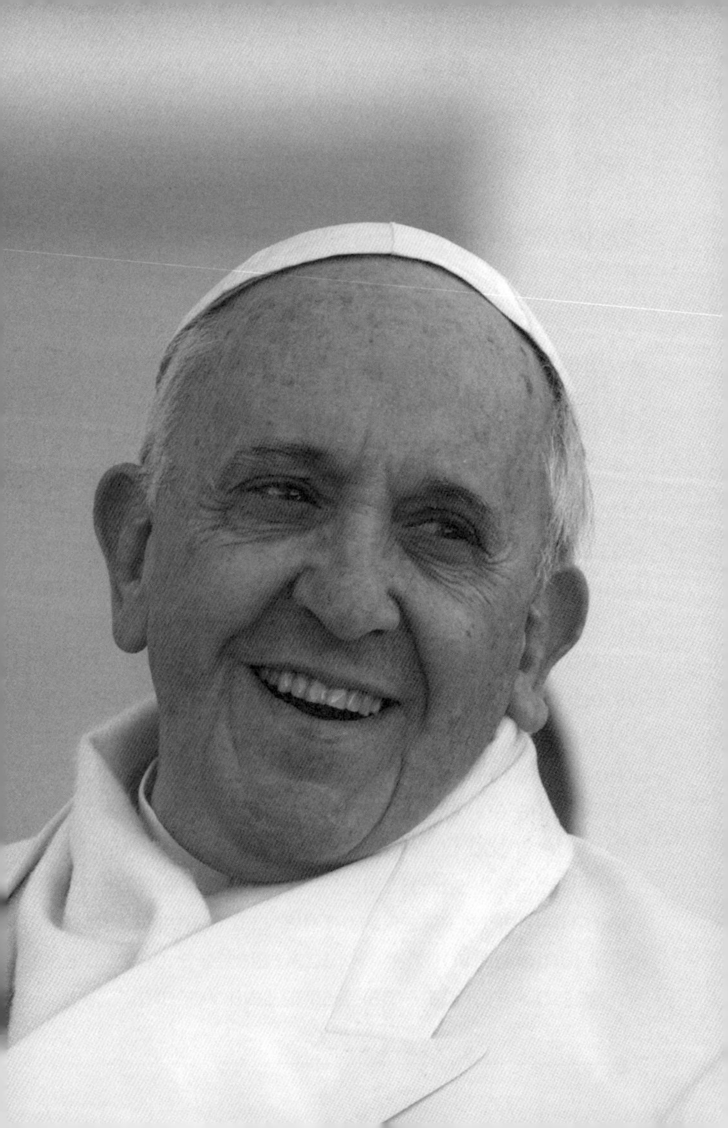

36

> *Deus sempre nos reserva o melhor. Mas pede que nos deixemos surpreender por seu amor, que acolhamos suas surpresas.*

Meu Senhor, somos muito felizes por sermos vossos filhos, pois não nos deixastes à sombra da morte, mas nos libertastes da escravidão do pecado. Poderíeis ter nos doado tão pouco por nossa pequenez, no entanto, destes o melhor que possuíeis: vosso Amado Jesus, nosso Salvador. Confesso que há momentos em que minha fé é como grão de areia, vai-se embora com o sopro do vento, quando necessito escolher qual caminho devo seguir. Meu medo impede que eu fique fascinado com vosso amor misericordioso, deixando para trás o que de melhor me preparastes. Por isso, eu vos peço: meu Deus, não deixeis que eu vacile em meus passos, dai-me a Fortaleza de vosso Espírito Santo, para que me encoraje a receber os desafios que vêm para me engrandecer espiritualmente; espero, um dia, estar preparado para estar junto de vós na morada celeste e permanecer em vosso Amor paternal. Assim seja. Amém!

37

> *Não se pode amar a Deus sem amar ao próximo, e não se pode amar ao próximo sem amar a Deus.*

"Por que perdoar é tão difícil?" Alguma vez na vida já nos deparamos com essa pergunta, questionando-nos sobre as razões de não alcançarmos a graça do perdão. A resposta está muito próxima de nós, mas buscamos a solução nos outros e acabamos decepcionados. Quando desabafamos com alguém ou quando nos questionam sobre por que não nos damos bem com alguém, logo respondemos: "Ah, fulano me fez isso!", "Beltrano é duas caras!", "Sicrano implica com todo mundo!" Vejamos: aí está o motivo de ser tão fatigante perdoar! Nunca o problema está em nós, sempre tentamos colocar a culpa no outro. Perdoar não significa esquecer-se dos conflitos vividos, perdoar simplesmente é dar o primeiro passo rumo ao semelhante, sem procurar culpados.

Perdoar, antes de tudo, é reconciliar-se com Deus, refletir sobre as próprias fraquezas, pedindo-lhe o amadurecimento do coração para cicatrizar as feridas. Pedir perdão não se trata de humilhação, mas de um gesto de quem busca servir a Deus sem nenhuma pretensão. Se quisermos perdoar, deixemos nosso orgulho para trás. Aceitemos nosso passado, vivamos bem o presente, para construirmos um futuro melhor! Quando nos dermos conta de que as desavenças já não nos impedem de aproximarmos do irmão, estaremos bem perto de nos encontrarmos com Deus, pois quem ama ao irmão ama, sobretudo, ao Eterno Pai, vivendo, de verdade, seu Evangelho. Por isso, cultivemos nosso coração à graça do perdão hoje mesmo! Assim seja. Amém!

38

> *Bote esperança, e todos os seus dias serão luminosos e seu horizonte já não será escuro, mas luminoso.*

Quão lamentável é perder a esperança, viver o vazio de nada esperar do amanhecer! Não temos como fugir das pedras que estão em nosso caminho; hoje ou amanhã elas surgirão, machucarão nossos pés até prostrarmos por terra. Os tropeços e as caídas fazem parte de nossa caminhada de fé, mas não podemos nos esquecer de erguer a cabeça em direção ao Senhor, que diz no mais íntimo de cada um: "Filho(a), aqui estou! Levanta-te! Aonde fores, contigo estarei, pois eu jamais vou te abandonar". Se ouvirmos a voz de Deus, com certeza, a escuridão terá fim, e a esperança ressurgirá como sol a brilhar dentro do coração. Confie nisso, pois antes de nascermos, Ele já havia confiado a nós a missão de sermos vencedores dos fracassos e merecedores de seu Amor. Amém!

39

> *Se a família consegue concentrar-se em Cristo, Ele unifica e ilumina toda a vida familiar.*
> *Os sofrimentos e os problemas são vividos em comunhão com a cruz do Senhor e,*
> *abraçados a Ele, pode-se suportar os piores momentos.*

Os pronunciamentos do Papa Francisco sempre trazem bons conselhos para nossa vida cristã. O Papa nos motiva a sermos pessoas melhores, construtoras de um novo amanhã. Portanto, por onde devemos começar a mudança? A princípio, por nós mesmos, pois jamais conseguiremos mudar o outro, se não conseguirmos corrigir nossas atitudes e nossos pensamentos ruins. Depois, a mudança deve acontecer dentro da família, restaurando os verdadeiros princípios, tantas vezes esquecidos pela influência da internet e da televisão. É imprescindível criar limites para os filhos, saber dizer "não" quando o "sim" não convém; antes fazê-los conviver com a frustração ainda na infância do que criar adultos inseguros. Como é inestimável a manifestação de carinho e respeito entre pai e mãe diante dos filhos! Esses se sentem protegidos no ambiente familiar para superarem as adversidades lá fora. Nesta era tecnológica, muitas famílias têm deixado a educação das crianças por conta dos tablets, dos smartphones, das redes sociais. Não querem bagunça nem barulho; mas a preocupação maior poderá vir mais tarde, quando se depararem com adolescentes mal-educados e problemáticos. Reforçando a mensagem amorosa de Francisco, se Cristo é o centro da família, todos serão iluminados e por Ele unificados. Impossível existir uma família perfeita como a de Nazaré, entretanto os problemas tornam-se mais simples quando partilhados por todos os membros. Procuremos um momento durante a semana para nos reunirmos em família. Não apenas para discutir os problemas vividos, mas para manter um espaço para compartilhar as alegrias e para diversão com jogos educativos. Que a Bíblia não seja apenas mais um livro de cabeceira, mas uma *fonte de sabedoria* para fortalecer o diálogo, o amor e a paz dentro de nossos lares. Amém!

40

> *Deus chama para escolhas definitivas.*
> *Ele tem um projeto para cada um: descobri-lo, responder à própria vocação*
> *é caminhar para a realização feliz de si mesmo.*

Meu Deus, venho entregar meu futuro em vossas mãos. Tem sido fatigante escolher o rumo de minha vida, ainda mais quando me entrego ao caminho mais fácil, e me decepciono. Tento lutar contra o comodismo, pois sei que o caminhar na fé exige perseverança para a construção de uma sociedade livre do ódio e do egoísmo. Ajudai-me em meus projetos pessoais, amparai-me nas horas de incerteza, necessito de seu auxílio, meu Senhor, para descobrir o que quereis de mim. Perdão se falta minha atenção ao vosso chamado; buscarei viver conforme minha vocação e serei forte diante das tempestades que querem me impedir de encontrar a minha felicidade. Assim seja. Amém!

41

> *Nós, cristãos, temos de agir assim: pôr no lugar da malícia a inocência,*
> *no lugar da força o amor, no lugar da soberba a humildade,*
> *no lugar do prestígio o serviço.*

O mundo está carente de pessoas iguais ao Papa Francisco. Sim, pessoas revestidas de humildade, dispostas a servirem com fidelidade a Deus, acolhendo de braços abertos todos os sedentos da Palavra libertadora. É lamentável, mas existem falsos profetas, aproveitadores da fé, amantes do poder e do dinheiro. Somos felizes, pois temos um verdadeiro pastor – sucessor de Cristo – que escolheu a simplicidade para fazer de seu pontificado um tempo de esperança. Enquanto esperamos por Jesus, temos a missão de agir conforme a Lei de Deus. Necessitamos purificar nosso coração para a graça do perdão, pois o homem desconhecedor do perdão é incapaz de ter forças para amar a Deus e a seu irmão, além de ser submisso aos desejos maus. Se quisermos pôr à prova se somos firmes na fé, basta-nos viver em favor do outro, sem esperar nada em troca, além de carinho e amor recíproco. Uma das atitudes mais louváveis aos olhos de Deus é a renúncia. Nunca foi fácil ao pecador renunciar aos prazeres ilusórios do mundo, ainda mais nos dias atuais, em que o prestígio social e a soberba criaram raízes profundas no coração dos gananciosos. Juntos, peçamos a Deus Onipotente a virtude de distinguirmos o joio do trigo. Que tenhamos a Sabedoria e o Entendimento do Espírito, capazes de enxergar as propostas enganadoras dos maus pastores. Escutemos a voz de Cristo nos chamando a servir a seu Reino de Amor, para que, unidos a Francisco, construamos uma Igreja em saída, que vai onde está o irmão sofredor e desacreditado na vida. Afinal, o verdadeiro cristão não fica passível às dores do mundo, mas toma, com perseverança, seu caminho na companhia do Senhor. Assim seja. Amém!

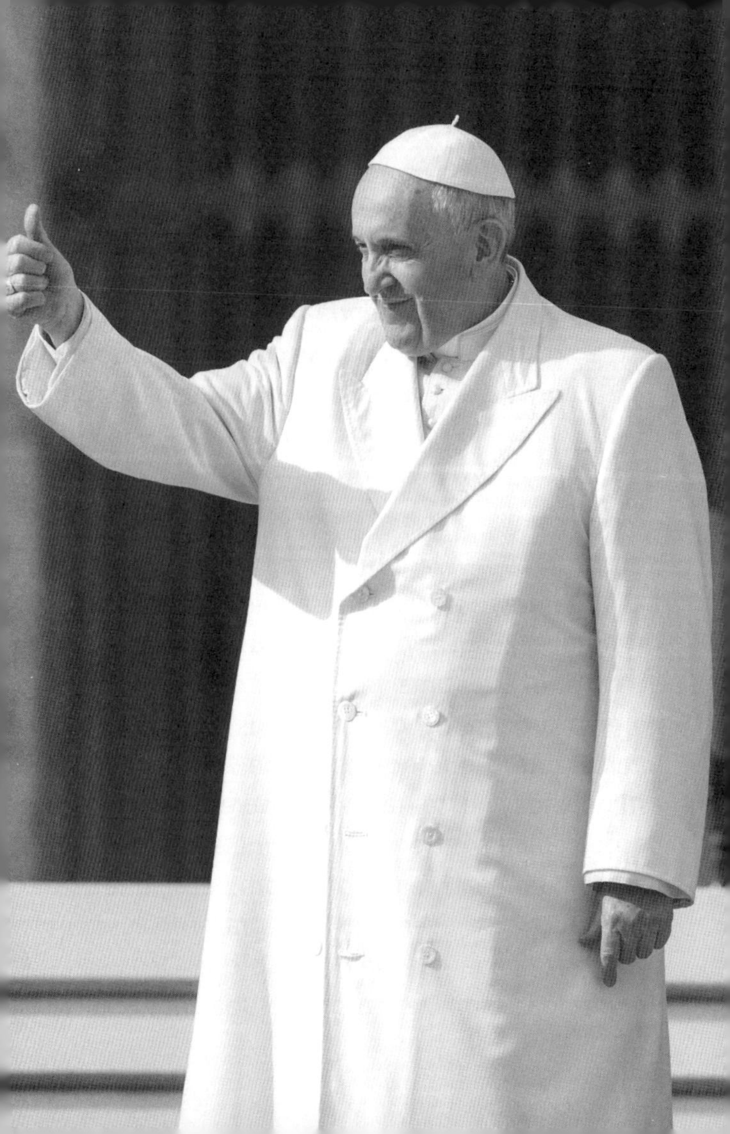

> *Já pensastes na paciência de Deus, na paciência que Ele tem com cada um de nós?*
> *É sua misericórdia. Sempre tem paciência, tanta paciência: compreende-nos; está a nossa espera; não se cansa de perdoar, se soubermos voltar para Ele com o coração contrito.*

Passamos a vida errando; em muitas ocasiões optamos por caminhos traiçoeiros, que iludem, machucam, ferindo-nos e também ferindo o outro. Errar uma vez é humano, mas persistir no erro é querer enganar a Deus e a si mesmo. Interessante o que nos pergunta Papa Francisco, estimulando nossa reflexão sobre como passa despercebida a misericórdia divina a nossos olhares. Há quem não se importa com pecar, que está preparado a se aventurar nos prazeres ilusórios da vida. E ainda há quem pense que Deus sempre perdoa... Sim, Ele sempre perdoa, mas a quem volta seu coração ao Pai com arrependimento. Ele quer que aprendamos com nossas fraquezas, que as decepções façam parte de nossa história; e espera que reconsideremos nossas atitudes infelizes, pedindo perdão não somente a Ele, mas também ao irmão que prejudicamos. Tenhamos a humildade de buscar o perdão do semelhante, esqueçamos o orgulho de lado e abramos nosso ser à misericórdia do Deus Onipotente. Assim seja. Amém!

> *O cristão deveria ser uma pessoa luminosa,*
> *que dá luz, que dá sempre luz!*
> *Uma luz que não é sua, mas é dom de Deus, é dom de Jesus.*

Somos o discipulado do Senhor, continuadores de seu Evangelho. Ele é nossa luz e somos iluminados pelo reflexo de seu grandioso amor. Dentro de mim e de você há essa chama abrasadora, capaz de transformar corações incrédulos em amantes de Cristo. Já parou um minuto para refletir sobre esse poder que existe em você? O Espírito Santo está ligado a nós, capacitando-nos a exercermos prodígios na vida do irmão. Uma palavra acolhedora ao idoso e ao doente, um aconselhamento sem nenhuma pretensão, uma caridade a um sofredor nas ruas, todas as ações, fruto do coração bom e piedoso, são realizadas pelo Espírito de Deus em nós. Sim, sintamo-nos agraciados por sermos luz para um mundo ferido pela violência, pelo desespero e pelas vaidades! Sabemos que existem cristãos apenas de nome. Não promovem a paz, vivem fechados na arrogância e soberba, apenas se motivam por seus próprios ideais, disseminam, cada vez mais, a desigualdade e os conflitos entre os irmãos. Em nossas orações, coloquemos a vida dessas pessoas cegas pelo prestígio e poder; que elas despertem para Cristo Ressuscitado. E que nos coloquemos nas mãos de Deus, pedindo coragem e forças para jamais desanimarmos diante das armadilhas do maligno, pois, com nosso Jesus, tudo podemos realizar em favor do Reino do Pai. Assim seja! Amém!

44

> *Há momentos em que somos chamados, de maneira ainda mais intensa, a fixar o olhar na misericórdia, para nos tornarmos nós mesmos sinal eficaz do agir do Pai.*

Meu Senhor, reconheço minha indiferença com meu irmão e sei o quanto sofreis pelo meu distanciamento quando passo ao lado de um menor abandonado, desviando o meu olhar com frieza e soberba. Mas dirijo-me a vós, meu Pai, suplicando vosso perdão, pois foi inevitável o sentimento de culpa quando entendi que me chamais todos os dias a viver a vossa misericórdia. Tudo que tenho foi graças a vossa bondade, entretanto vivi preso ao *materialismo desmedido*, querendo sempre mais e mais. Deus Pai, obrigado pela minha vida! Comprometo-me a ser sinal fidelíssimo do vosso amor para com meus irmãos sofredores, esquecidos pela sociedade. Amparai-

-me se o desânimo e as ilusões da vida quiserem se apoderar de meu coração. Espírito Santo, iluminai minha alma com vosso Entendimento e Piedade, dons necessários à perseverança da caridade; dai-me forças para trabalhar pelo Reino de Deus, pois sou vosso servo e devedor de tantas bênçãos recebidas em minha vida. Assim seja. Amém!

45

> *Nunca percamos a esperança! Nunca deixemos que ela se apague em nossos corações! O 'dragão', o mal, faz-se presente em nossa história, mas ele não é o mais forte.*
> *Deus é o mais forte, e Deus é a nossa esperança!*

Como é triste quando nos deparamos com alguém dizendo: "Vivo por viver, as coisas já não têm mais sentido para mim!" Angustia nosso coração compartilhar dessa desesperança, no entanto podemos ser a porta de entrada para essa pessoa reencontrar-se com Deus. A vida não é uma brincadeira, mas é um jogo que precisamos saber ganhar e perder e temos de apostar em nossos sonhos, sem medo de fracassar, sem passar por cima dos sonhos dos outros. Quantas vezes nos martirizamos pelo insucesso de nossos projetos pessoais e profissionais! Nem sempre conseguimos tudo e, na decepção, o mal tenta nos desmotivar; abrimos brecha para ele adentrar nossos pensamentos. Sentimos a solidão, o vazio existencial, apegando-nos aos falsos ídolos, geralmente, o dinheiro e o prazer supérfluo. Assim, nós afastamo-nos cada vez mais de Deus, nossa esperança. Ele se aproxima, quer sempre invadir nossa alma com seu Espírito Renovador, mas, frustrados, não o enxergamos e damos um passo para trás em direção ao abismo do desespero. Nesses momentos, precisamos encontrar forças para reerguer-nos e, se for necessário, procurar ajuda profissional. Deus sempre está ao nosso lado, nunca nos decepciona, quer nos resgatar das garras do "dragão". Se tivéssemos convicção da imensurável força do amor divino, jamais cairíamos no desânimo, mas, por vezes, somos fracos na fé. A esperança está em Cristo, Ele está presente na vida do irmão. Estar mais abertos à vida comunitária, com voluntariado e trabalhos sociais, revigora a alma. Mantendo contato frequente com a vida dos sofredores, estaremos mais ligados a Deus, nossa alegria. Cultivemos a espiritualidade, com práticas solidárias e generosas! Deus nos idealizou para que sejamos propagadores da fé, lutando por um país livre da corrupção, mais digno e fraterno. Não desistamos de lutar, pois o Cristo devolveu-nos a esperança perdida, e nele permaneceremos firmes em nossa caminhada rumo à verdadeira felicidade: nosso Deus-Amor. Assim seja. Amém!

46

> *Bote fé, e a vida terá um sabor novo; a vida terá uma bússola que indica a direção.*

No evangelho de João, Jesus nos revela que Ele é a bússola que indica o norte de nossa salvação: "Eu sou o Caminho, a Verdade e a Vida" *(Jo 14,6)*. O peso da cruz torna-se insuportável quando fraquejamos na fé, desacreditamos em Deus e não aceitamos seus desígnios. Somos postos à prova, se merecemos a Vida Eterna, mas queremos ditar nosso destino, usurpando o lugar que apenas o Todo-Poderoso pode assumir. Por isso, Senhor, nós vos pedimos perdão pelas vezes em que esquecemos nossa humildade e deixamos que os desejos dominem nossa razão. Trindade Santa, dai-nos o Entendimento para cumprir o que esperais de nós e que "seja feita a vossa vontade, assim na terra como no céu". Amém!

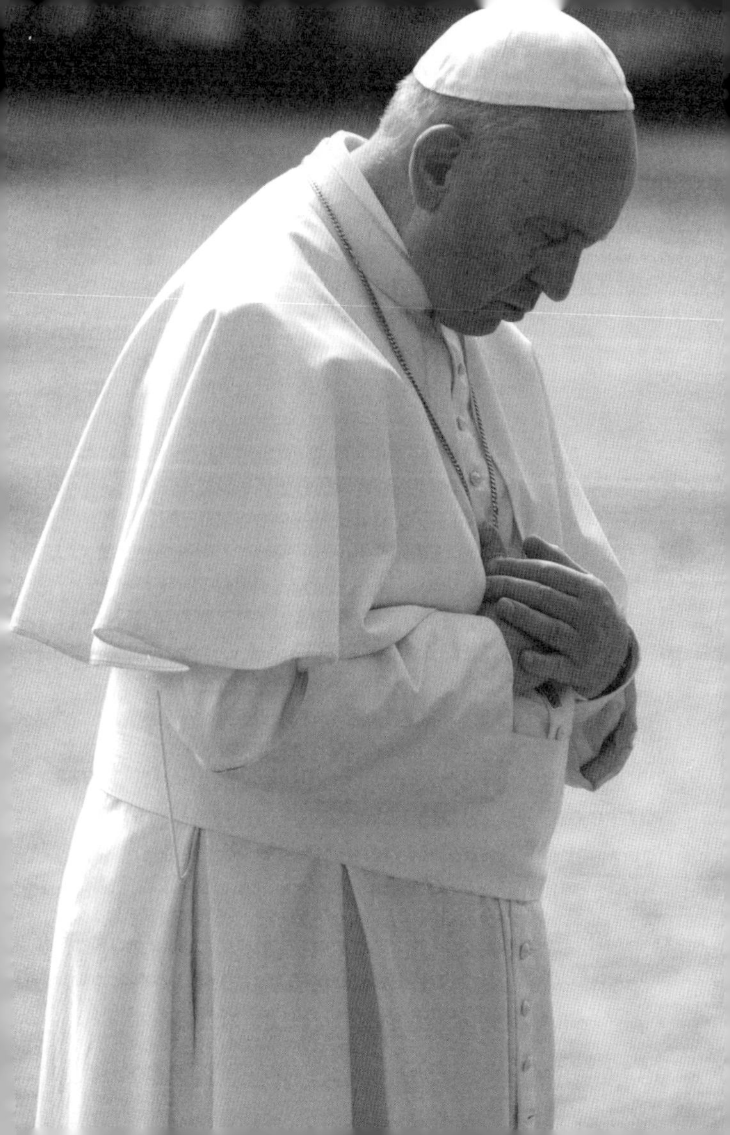

47

> *O Senhor é tão misericordioso! Se vamos ter com Ele, sempre nos perdoa.*
> *Tenhamos confiança na ação de Deus! Com ele podemos fazer coisas grandes.*
> *Ele nos fará sentir a alegria de sermos seus discípulos, suas testemunhas.*

Meu caro irmão, quanta força necessitamos para remar contra a maré! As tempestades tentam afogar nossos sonhos, levando-os para o fundo do mar, onde só há trevas. É provável que já tentaram "puxar seu tapete", fracassar seus planos, pois o mal sempre cobiça nossa fraqueza física e espiritual. Mas enganam-se se pensam que deixaremos de subir o degrau da salvação. Não fomos criados por Deus para coisas pequenas e vãs, fomos criados para *grandes ideais*. Hoje, já nos encontramos com o Pai? Já agradecemos a Ele sua misericórdia infinita? Se o findar do dia vem chegando e, ainda, não entregamos nossa vida em suas mãos, façamos nosso momento com Ele. Fechemos nossos olhos e sintamos a presença do Espírito Santo pousando em nosso coração. Pensemos nas obras possíveis de serem transformadas, na resignação para as impossíveis; permitamo-nos mudar de vida, acreditemos em nosso potencial, mesmo que nos julguem... Só Cristo conhece nosso íntimo. Reneguemos o que suja a alma, o que fere o projeto de Deus, afastando os pensamentos da inveja, do egoísmo, da soberba e da inimizade. Tantos são os frutos podres no celeiro da vida, porém com perseverança os lançaremos para bem longe. Sintamos a alegria que vem do Senhor, caminhemos com Ele como testemunhas de seu sacrifício. E se o cansaço vier, seguremos nas mãos do irmão que caminha conosco, lembrando-nos da presença de Deus nele. A batalha do bem sobre o mal começa todos os dias, e Cristo conta comigo e com você. Coloquemo-nos em marcha com Ele, pois "a messe é grande, mas os trabalhadores são poucos" *(Mt 9,37)*. Assim seja. Amém!

48

> *Deus não reserva seu amor a alguns privilegiados, mas oferece-o a todos. Porque o amor de Deus é humilde, muito humilde!*

Que grande ensinamento do querido Papa Francisco nos é transmitido! Ele nos chama a atenção ao afirmar que Deus oferece seu amor a todos. Mas será que estamos aceitando esse Amor? Nosso Pai não escolhe a quem deve conceder seu amor, pois já fomos escolhidos por Ele como seus filhos amados, antes mesmo de nascermos. A discriminação, o preconceito e a soberba são raízes do pecado que disseminam o mal, corroem nosso coração e nos fazem enxergar apenas nossa verdade, levando-nos, muitas vezes, a menosprezar o semelhante. "Se alguém disser que ama a Deus, mas odeia seu irmão, é um mentiroso. Pois quem não ama seu irmão, a quem vê, não pode amar a Deus, a quem não vê" *(1Jo 4,20)*. Se no dia a dia demonstramos atitudes que hospedam o amor de Deus em nosso coração, amaremos a Deus na pessoa de nosso irmão, e Deus também nos amará. O Verdadeiro Amor – presente do Misericordioso Pai – está à disposição de todos. Basta dizermos "sim" para eternizar esse amor em nossa alma e sermos felizes com nossos irmãos sofredores.

49

> *Toda a vida da família é um 'pastoreio' misericordioso. Cada um, cuidadosamente, desenha e escreve na vida do outro.*

O trabalho do pastor exige muita paciência e muito zelo. Dedica boa parte de seu tempo a cuidar, alimentar e guardar os animais sob sua responsabilidade. Jamais pode deixar algum desses desgarrar-se; e se o deixa se perder, deve-se pôr à procura do animal desaparecido, antes que seja roubado. Assim também é nosso pastoreio familiar, um trabalho contínuo firmado pela entrega, renúncia e oração. Você já deve ter escutado uma canção de padre Antônio Maria que diz: "Como é bom ter a minha família, como é bom! Vale a pena vender tudo mais para poder comprar. Esse campo que esconde um tesouro, que é puro dom, é meu ouro, meu céu, minha paz, minha vida, meu lar!" Linda letra carregada de puro ensinamento, não é mesmo? Nosso Papa Francisco sempre nos orienta sobre a família, despertando-nos para protegermos ao máximo esse bem tão precioso. Muitas vezes, o mal da mentira assombra o terreno fértil da família, tentando capturar um pedaço desse amor. A ilusão de procurar a felicidade em outras terras pode ser destruidora, acabando com a confiança. Quando o diálogo existe, tudo prospera, tudo se renova, até mesmo o amor e o perdão. E nesse campo, quando todos entendem o valor da fidelidade e compartilham experiências, escrevem, a cada amanhecer, uma nova página, com compreensão e sinceridade. A vida em família jamais será um conto de fadas, mas, quando se confia plenamente em Deus, e cada um – pai, mãe e filhos – faz sua parte, podemos ter a certeza de que esta história de amor é pura realidade! Para sermos família com Cristo, precisamos, todos os dias, encontrar as pedras que prejudicam nosso terreno fértil, a fim de eliminar o egoísmo, a vaidade, a intolerância. Glorifiquemos a Deus por nossas famílias; supliquemos ao Espírito Santo o derramamento de seus dons, essenciais à purificação e ao fortalecimento de nossa vida familiar. Que nosso coração esteja sempre aberto ao perdão e que, pelo diálogo, a reconciliação seja sempre o fertilizante para fortalecer nosso verdadeiro amor. Assim seja. Amém!

> *Jesus não desiste e não cessa de se oferecer a si mesmo e sua graça, que nos salva!*
> *Jesus é paciente, sabe esperar, espera-nos sempre.*
> *Esta é uma mensagem de esperança,*
> *uma mensagem de salvação, antiga e sempre nova.*

50

Senhor Jesus, diante de vosso Sacratíssimo Corpo e Sangue, venho prostrar-me com humildade. Vós nos libertastes para a Vida Nova, cumpristes a promessa de Deus Pai, demonstrando ao mundo inteiro vosso imenso amor na crucificação por cada um de nós. A cada dia, recordo os sofrimentos e as dores que passastes no calvário e percebo o quanto eu sou ingrato e incrédulo. Perdão, meu amado Jesus! Não desistais desses indignos homens, que deveriam seguir vossos passos, mas que se tratam, muitas vezes, como concorrentes pelo poder e dinheiro, quando deveriam ser cúmplices de vosso amor, que tudo renova. Obrigado por serdes acolhedor; sinto vossa proteção a me socorrer nos momentos mais sofríveis. Sois minha esperança, e o que antes era sofrimento torna-se motivação para desistir do pecado e prosseguir, levando aos desacreditados a certeza de que vosso Evangelho nos conduz à almejada salvação. Assim espero, assim creio e assim vos amo para sempre. Amém!

FSC
www.fsc.org
MISTO
Papel produzido a partir de fontes responsáveis
FSC® C132240

A marca FSC® é a garantia de que a madeira utilizada na fabricação do papel deste livro provém de florestas que foram gerenciadas de maneira ambientalmente correta, socialmente justa e economicamente viável.

Este livro foi composto com as famílias tipográficas Segoe, SolexBoldLining e Source e impresso em papel Offset 75g/m² pela **Gráfica Santuário.**